Tatze Megastark

21 gute Laune Glücksbotschaften

deutsch - englisch

21 happy mind messages

Hinweise

Die im Buch veröffentlichen Ratschläge wurden von der Verfasserin mit größter Sorgfalt erarbeitet und geprüft. Eine Garantie kann jedoch nicht übernommen werden. Ebenso ist eine Haftung der Verfasserin und ihrer Beauftragten für Personen-, Sach- oder Vermögensschäden ausgeschlossen.

Das vorliegende Werk wurde sorgfältig erarbeitet. Dennoch übernimmt die Autorin für die Richtigkeit von Angaben, Hinweisen und Ratschlägen sowie eventuellen Druckfehlern keine Haftung. Die Informationen in diesem Buch verstehen sich nicht als Ersatz für den Rat eines Arztes/ Heilpraktikers. Wer krank ist oder ärztliche Betreuung benötigt, sollte nicht mit den im Buch beschriebenen Übungen beginnen, bevor er den Rat eines kompetenten Arztes oder Heilpraktikers eingeholt hat. Vielen Dank !!

Für mein liebes kleines Volk

in LIEBE

For the little wee volk in

LOVE

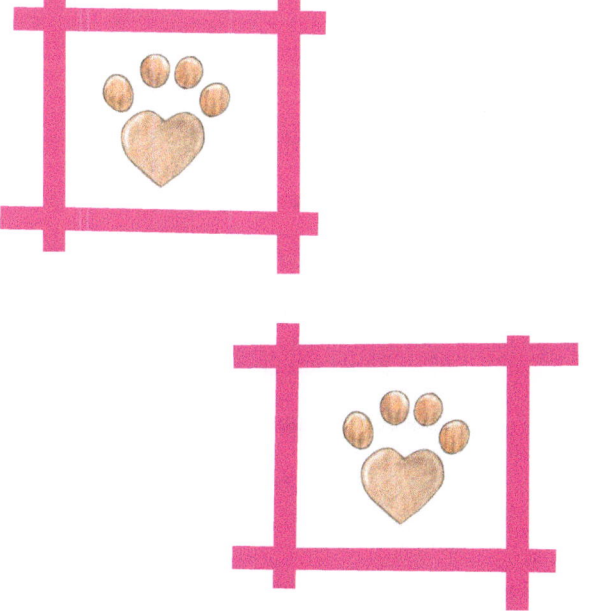

FSC
www.fsc.org
MIX
Papier aus ver-
antwortungsvollen
Quellen
Paper from
responsible sources
FSC® C105338

Bibliografische Informationen der Deutschen Nationalbibliothek:
Die Deutsche Nationalbibliothek verzeichnet diese Publikation in der
Deutschen Nationalbiografie; detaillierte bibliografische Daten sind im Internet
über http: // dnb.dnb.de abrufbar.

1. Auflage, September 2018,© Irmi Fa

Tatze Megastark

Design/Illustrationen und Text © Irmi Fa

Herstellung und Verlag

BoD – Books on Demand, Norderstedt

ISBN: 9783748108825

Irmis Bücher sind erhältlich bei sämtlichen Buchhandlungen vor Ort , sowie in
Online – Shops und im BoD - Shop. Sowie in USA/CAN /AUS /GB erhältlich.

Tatze Megastark

21 gute Laune Glücksbotschaften

Dieses niedliche Buch ist auf Deutsch und in Englisch für dich geschrieben. Somit hast du jederzeit die tolle Möglichkeit in deinen beiden Lieblingssprachen eine süße Botschaft zu lesen. Und wenn du Lust hast, kannst du auch die Blümchen und Herzchen auf den Seiten in deinen Lieblingsfarben ausmalen. Viel Spaß dabei !!

Tatze Megastark

21 happy mind messages

This absolutely cute book is in English as well as in German. So you have the fun opportunity to read it in both of your favourite languages. And if you want to, you can colour the little flowers and hearts on the pages in your favourite colours.
Have fun !!

   colour me !!

Tatze Megastark
21 gute Laune Glücksbotschaften

Inhaltsverzeichnis:

Tatze Megastark
21 gute Laune Glücksbotschaften

Inhaltsverzeichnis:

Tatze Megastark
21 happy mind messages

List of contents:

Tatze Megastark

21 happy mind messages

List of contents:

Tatze Megastark
21 gute Laune Glücksbotschaften

Einleitung

Tatze Megastark bringt ein ganz besonderes Geschenk in dein Leben. Leichtigkeit und Lachen. Tatze findet, dies ist die beste Medizin gegen Sorgen und schlechte Laune. Daher sind die Glücksbotschaften auch ganz leicht überall einzusetzen. Drückt dich eine Frage, stelle sie an Tatze und dann öffne das Büchlein nach deinem Bauchgefühl. Am besten machst du dies mit deiner linken Hand. Sie steht für deine Intuition. Tatze wird dir mit seinem passenden Rat ein Schmunzeln in dein Gesicht zaubern. Dann ist alles wieder gut und du kannst beschwingt in den Tag starten.

Tatze Megastark

21 colourful lucky happiness messages

Tatze Megastark is bringing a very special gift into your life. Easiness and laughter. Tatze thinks, this is the best medicine against sorrows and a bad mood. So the happy, lucky messages are very easy to take with you, any place you like. Do you have a question? Ask Tatze and then open the little book and follow the inspiration. If you take your left hand, it goes easily. Your left hand is connected to your intuition. Tatze wants to put a lovely smile on your face. Smiling makes you feel better and you can feel happiness coming back into your life.

Willkommen im Elfchensland

Tatze Megastark ist ein ganz besonderes Löwenelfchens. Moment, noch nie von Elfchens gehört? Dann wird es jetzt höchste Zeit, die magischen kleinen hummelgroßen Wesen näher vorzustellen. Die Elfchens sind süße, kleine Tiere, die aussehen eben wie kleine Elfentiere. Sie haben winzig kleine Flügelchen und brummen den ganzen Tag glücklich, am liebsten in der Natur umher. Meist leben sie auf großen Wildblumenwiesen in alten Bäumen. Ja, manchmal sogar, wenn sie einen besonders mögen, im eigenen Garten. Sehr gerne dann gemütlich kuschelig versteckt bei schönen Blumen und hohem Gras. Ihre größte Stärke ist ihre immer gute Laune und vor allem aber ihre große Hilfsbereitschaft und ihr liebevolles Herz. Sie schenken jedem ihre Freundschaft, der sie auch zu schätzen weiß und ein lieber Mensch ist. Tatze Megastark ist einer von den Elfchens, er ist ein kluger Kopf mit immer guten Ratschlägen. Er möchte sehr gerne viel Lachen und viel Leichtigkeit in das Leben bringen. Also, machen wir uns auf in das Reich der Elfchens und bitten um Einlass. Lass dich verzaubern von ihnen und dein Leben bereichern.

Welcome to the land of elfchens

Tatze Megastark is a very special elfchens, he is a lion elfchens. Wait, you haven't heard from elfchens before? Than let´s go, and let´s introduce you to these magickal tiny bumblebee- tall beings. Elfchens are sweet lovely animals which look like little fairy animals. They have wee tiny wings and they are humming the whole day happily, especially in nature. Mostly, they live on wildflowers or in very old trees. Sometimes it happens that, if they like you very much, they live in your garden. Very cosy in high gras next to lovely flowers, very comfy. Their biggest strength is their good mood, their helping hand and their good sunny heart. They give their friendship only to good people, who care for them and love them. Tatze Megastark is one of these elfchens, he is a smart one, with the best advice for you. He loves to bring laughter and happiness into everyone's lives.

Now let´s go to the elfchen's home and ask for letting us in. Let the magic of the elfchens into your life and be magickally enchanted.

Leichtigkeit - Easiness

Tatze meint, vielleicht kuckst du heute etwas grimmig aus der Wäsche? Sein Rat an dich heute ist die Leichtigkeit. Entfalte deine Sorgen und betrachte sie genau. Wo drückt der Schuh denn wirklich richtig dolle? Oder ist doch nur alles halb so schlimm und hat sich vielleicht nur alles einfach irgendwie angestaut? Tatze glaubt, wenn du genau hinsiehst, wird dir auffallen, dass deine Sorge vielleicht gar nicht so groß ist. Stell dir vor, sie wären ein Schirmchen von einem Löwenzahn, setze dieses Schirmchen bildhaft auf deine Hand und nun pustest du es kräftig von dannen. Es wird nun mit Leichtigkeit dahin schweben und wird immer kleiner und trudelt munter im Wind. Siehst du, wie dir auf einmal selbst ganz leicht zu Mute wird?! Tatze strahlt, nun könnt ihr beide den Tag genießen.

Tatze aks: Are you looking a little depressed today? His message to you is easiness. Pull out your sorrows and look at them closely. What is so very bad? Or is it not so bad at all? Have there been so many negative things lately, that they grew too much in such a short time?

Tatze says, you need to look at your bad feelings very closely. Perhaps you can see that most of these things aren´t so bad. Now imagine, they are a little umbrella from a dandelion, put it in your hand and blow it away, as strong as you can. Now your sorrows are flying away in the air, the wind is blowing them away and on the horizon they get smaller and smaller. Look at yourself and feel the easiness, which is now coming to you. Tatze is smiling, he is proud of you. Now you both can relax for rest of the day.

Vertraue auf deine Sinne - Trust your senses

Puh, Tatze fragt sich gerade, wo du denn nun so eilig hinstolperst. Was hast du heute vor? Vielleicht ein kleiner Rat von Tatze? Sehr gerne, heute möchte er dir sagen: Vertraue auf deine Sinne. Tatze hat starke, ausgeprägte Sinne, er achtet immer auf sein Bäuchlein und was es ihm zu berichten hat. Heute bist du einmal an der Reihe. Was meinst du, was dir und deinem Gefühlsleben am ehesten entspricht und dich glücklich macht? Tatze meint, es ist ganz wichtig und leider vergessen wir Menschen dies viel zu häufig, dass man auf sich selbst gut achten soll. Wir alle sind einzigartig und sollten deshalb mehr auf unsere Sinne achtgeben. Sie sind ein toller Freund und Wegweiser. Ob beruflich oder bei Freundschaften, unsere Sinne wissen lange im voraus was gut für uns ist. Übe mit Tatze heute gemeinsam deine Sinne bzw. dein Bauchgefühl zu verstehen. Immer, wenn du ab heute zu schnelle Entscheidungen triffst, weil dich vielleicht sogar jemand zu schnellen Entscheidungen drängt, wird sich Tatze auf deine Schulter setzen, dir darauf tippen und dich darum bitten, erst einmal auf dein Bauchgefühl zu lauschen.

Puh, Tatze is wondering, why are you running? What are you going to do today? Perhaps a little message from your old friend, Tatze? Ready? Tatze is telling you a special thing today: Trust your senses. Tatze has very strong senses, he is always listening to them and trusts his gut feeling in his little fluffy belly. Today is your turn to trust your senses.

What do you think, is very important for you and makes you happy? In Tatze's opinion it is very important to trust your own feelings, sadly most people forget what is good for themselves. We are all unique and should trust in our own senses.
They are good friends for us and tell us the right way in our life.
Practise with Tatze today, how to connect with your inner voice.
From this day forward, if you are going to make too rash decisions or someone is pushing you to decide too quickly, in this moment Tatze is sitting on your shoulder and telling you softly, to trust in yourself and your inner voice.

Du bekommst heute ein Geschenk -

Today you are getting a very special gift

Aha, Tatze kruschtelt gerade ganz vertieft in seiner Lieblingskruschtelbox. Was mag sich nur darin alles verbergen? Tatze zwinkert dich an. Na, bist du schon ganz gespannt? Mmh, aber Tatze möchte es dir noch nicht so ganz verraten. Aber so viel sagt er dir schon einmal. Seine heutige Botschaft an dich ist: Du bekommst heute ein Geschenk.

Was genau es sein wird, da musst du dich schon überraschen lassen. Nur so viel sei von Tatze gesagt. Auch Nichtmaterielles kann ein Geschenk sein. Ein schönes Gefühl, dass wie Brause im Bauch kitzelt. Hab ein bisschen Geduld, suche nicht nach dem Geschenk, es wird dich heute noch selbst aufsuchen und dich ganz sicher glücklich machen. Tatze strahlt dich an und nun muss er noch ein bisschen in seiner Lieblingskruschtelbox weiter kruschteln.

Aha, Tatze is rummaging in his favourite box. What is he going to find in there? Tatze is winking at you. Hey there, are you excited what Tatze is going to have for you? Mmh, but Tatze is thinking about, when to tell you. One thing he can tell you. His message for you today is: You are getting a very special gift. What could it be? You have to wait and see.

It could be nothing material at all. Maybe a good mood, like bubbles in your belly? Be a little patient, don´t look after your gift, it is going to find you. Tatze is smiling at you, now he has to play again with his box, he's waving at you - see you soon.

Jeder hat dich lieb - Everyone loves you

Na, so was? Tatze grinst dich an. Er hat heute eine ganz tolle Botschaft an dich. Bist du schon gespannt? Okay, mach dich etwas klein, denn Tatze möchte es dir in dein Ohr flüstern. Bereit, dann gut zugehört und deine Ohren gespitzt. Tatze hat ein wunderschönes Geheimnis erfahren und sagt dir nun was: Jeder hat dich lieb.

Da kuckst du ganz verwundert? Ja, ja Tatze hat es von den anderen Elfchens erfahren. Tatze und die anderen Elfchens möchten dir damit sagen, dass du immer geliebt wirst. Von deinen Eltern, von deinem Haustier, von allen wunderbaren Elfchens. Du bist nie alleine und immer gut behütet. Mach dir also keine Sorgen.

Hello there! Tatze is smiling at you and has a very special message for you. Are you ready? Ok, bend down, so Tatze can whisper it into your ear. Tatze has heard a very wonderful secret: Everyone loves you.

 What, you think this unbeliveable? But yes, Tatze heard it from the other elfchens. Tatze and all the elfchens would like to tell you, that you are always loved.

From your parents, your pet, from all these wonderful elfchens.
You are never alone and they are always taking care of you. So,
don´t worry and just be happy.

Tagesaufgabe – Entspannung

Today's exercise – Relax

Puh, heute hatte Tatze in seinem Pilzbaumhaus großen Wochenputz. Genug gewuselt für heute. Tatze verrät dir nun deine und seine Tagesaufgabe. Achtung, fertig: Entspannung. Heute ist nur Entspannung angesagt. Mach es dir ganz gemütlich, vielleicht sogar mit einer Tasse feinem Kakao oder Tee, kuschle dich ein und strecke alle Viere von dir. Iss etwas Feines.

Tatze liebt große Kekse mit Vollmilch – Schokoladentröpfchen darin. Vielleicht magst du die auch und ihr beide lasst es euch richtig gut ergehen heute. Tatze ist schon bereit und hat sich seine Kuschelsocken angezogen und sitzt nun auf seinem großen weichen Kissen am Fenster und sieht hinaus aus seinem Pilzbaumhäuschen und beobachtet ganz entspannt die Natur.

Puh, Tatze was having a big clean up in his mushroomtreehouse. Enough for today. Tatze is telling you now his message for you. Ready? Relax. Today is your relaxing day. Get cosy and comfy, perhaps with a cup of hot choc or tea, snug yourself in a big cosy pillow and do nothing. Eat some good soul food. Tatze loves big cookies with choc in it. Perhaps you like them too, so you can both relax together.

Tatze is ready for doing nothing, he has his fluffy socks on and is looking out of the window of his mushroomtreehouse. Just sitting, doing nothing and watching nature.

Zeit für Familie - Time for family

Tatze staubt gerade die ganze Familienfotowand ab. Tante Tatze, die immer so feine Backwaren macht. Mmh. Und Schwester Tatzinchen, die sich immer so gut mit Pflanzen auskennt und so schön malt. Ja, heute ist sich Tatze sicher, was er dir rät, er schmunzelt schon. Tatze sagt: heute ist Zeit für Familie. Besuche doch ganz spontan vielleicht deine Oma und bring ihr ein kleines Blumensträußchen mit.

Sie wird sich sicherlich freuen. Also, hoch die müden Knochen und die grauen Zellen angestrengt, wem aus deiner Familie könntest du heute eine ganz besondere Freude bereiten? Tatze ist schon ganz gespannt, wen du wohl besuchen wirst.

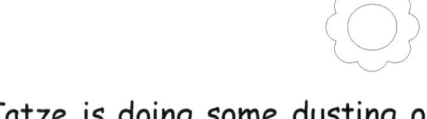

Tatze is doing some dusting on the family pictures. His aunt is making the most tasty cookies. Mmmh. And his sister Tatzinchen, who knows so much about flowers and plants, can draw beautiful pictures. Yes, Tatze knows it best today. Today it's time for family. Perhaps you can spontaneously visit your loving grandma and bring her some flowers.

She would be very happy. So get up and think about it, whom in your family could you do a special favour? Tatze is so excited- who and what will it be.

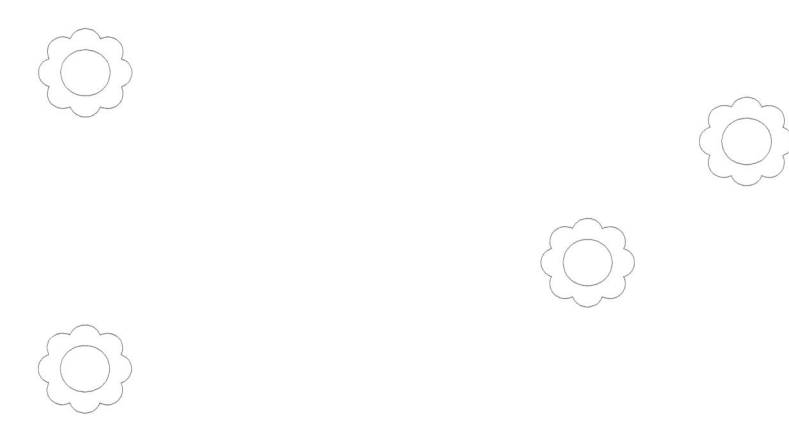

Umarme jemanden, der dir am Herzen liegt

Free hugs for someone you really like

Tatze drückt dich heute ganz dolle. Denn er hatte eine tolle Idee, was wird es wohl sein? Bist du soweit? Tatze sagt dir heute: Umarme jemanden, der dir am Herzen liegt.

Tatze meint dies auch bildlich.

Du kannst heute jemanden, den du sehr magst oder der dir in letzter Zeit sehr viel geholfen hat, einen große Freude machen. Zeig der Person einfach, dass du ihre Freundschaft und Hilfsbereitschaft zu schätzen weißt. Freundschaft ist etwas sehr Kostbares, möchte dir Tatze sagen, sie ist nicht selbstverständlich. Tatze hat auch ganz besondere Freunde und sie sind immer füreinander da. So wie Tatze für dich da ist und ihr Freunde seid.

Tatze is hugging you very strongly today. He has a very good idea for you. Are you ready? How would you like to spontaneously hug someone you really like? This person would love it and would be very happy about such a sweet idea. Tell this person, how much you love your friendship and that you are always there for each other.

Friendship is a very precious gift and it is not to be taken for granted. So be good to each other and don´t forget to tell how much you appreciate the other one. So Tatze is there for you too, he loves to be your good friend all the time.

Erfreue dich an etwas Wunderbarem -

 Look at something beautiful

Ja, wer ist denn dieses liebe kleine Elfchens? Das hier ist eine gute Freundin von Tatze. Da sie schon so viel von dir gehört hat und Tatze ganz viel von dir erzählt hat, wollte sie nun selbst einmal bei dir vorbeisehen und sich dir vorstellen. Elfienchen ist ihr besonders schöner Name, sie ist ein klitzekleines, wunderschönes Einhorn. Elfienchen liebt Blumen und die Künste, wie Theater und Musik.

Sie besucht täglich die Blumen auf der großen Wildblumenwiese und unterhält sich dort ein Weilchen mit ihnen. Elfienchen hat heute eine ganz besonders schöne Botschaft für dich: Öffne dein Herz und erfreue dich an etwas Wunderbarem. Vielleicht liebst du Blumen, wie Elfienchen oder du liebst die Musik. Schätze diese Gabe als kostbares Geschenk und erfreue dich heute daran. Elfienchen bedankt sich bei dir, sie wird dich nun bestimmt öfters besuchen.

Who are you, lovely friendly elfchens ? Look, it is a good friend of Tatze. She heard so much about you from Tatze, so she wanted to meet you. Her name is Elfienchen, she is a beautiful tiny unicorn.

Elfienchen is loving flowers, and arts like theatre and music. She is visiting the flowers on the meadow daily and talking with them.

Elfienchen has a special message for you today: open your heart and look at something beautiful. Perhaps you love flowers, too, like Elfienchen or music. Be thankful for that special gift, and practise it today. Elfienchen will be visiting you more often in the future.

Überraschung - Surprise

Ja, wer zupft denn da die Schleife zurecht? Tatze möchte dir noch einen seiner lieben Elfchens – Freunde vorstellen. Das hier ist Schildheart, er ist eine Elfchens Schildkörte. Eine ganz besondere, er arbeitet nämlich im Wünschebaum. Hast du denn auch einen wunderbaren Wunsch? Schildheart ist ein bisschen schüchtern, obwohl er einen auch manchmal gerne in die Beine zwickt, wenn man nicht hinsieht. Er hat Tatze gebeten, dir folgendes auszurichten: Bleib immer aktiv und höre nie auf zu träumen.

Glaube daran, dass sie tatsächlich wahr werden können. Tatze hat folgende Botschaft für dich heute von Schildheart bekommen: Überraschung! Schreibe einen ganz besonderen Wunsch oder Traum den du hast, geistig auf ein Blatt Papier, übergebe diesen mit ganz viel Liebe an Schildheart. Er wird deinen Zettel in sein Mäulchen nehmen und diesen zum großen Wunschbaum bringen. Vergiss bitte nicht, dich bei Schildheart zu bedanken. Denn er ist ein kleiner fleißiger Elfchens – Freund. Nun warte ein paar Tage ab, mal sehen, was so passieren wird.

Und wenn es dich einmal wieder ganz plötzlich irgendwo zwickt, dann wird es wohl der liebe kleine Schildheart gewesen sein, der dich necken möchte und dir somit sagt, dein Wunsch wird ganz sicher bearbeitet.

Oh, who is this, pulling on the ribbon? Tatze is going to introduce you to another elfchens friend of him. Now come and meet Schildheart, he is a Elfchens turtle. A very special one, because he works at the magic wishtree. Have you got any wishes? Schildheart is a little bit shy, but sometimes he is biting into your legs. He told Tatze something, which he is now going to tell you. Be always ready for your dreams and never stop dreaming. Believe in them, so that they can become reality. Tatze tells you something from Schildheart: Surprise! Write your very, very special wish on a piece of paper and give it - with a big warm hug full of love - to Schildheart.

He will take your paper in his mouth and carry it to the big magic wishtree. But don´t forget to say thank you to Schildheart. He will be a good friend for you.

Just wait a few days from now on and look what is going to happen. And if you leg is suddenly itching, than it is little Schildheart telling you, that your wish got heard and will be fullfilled.

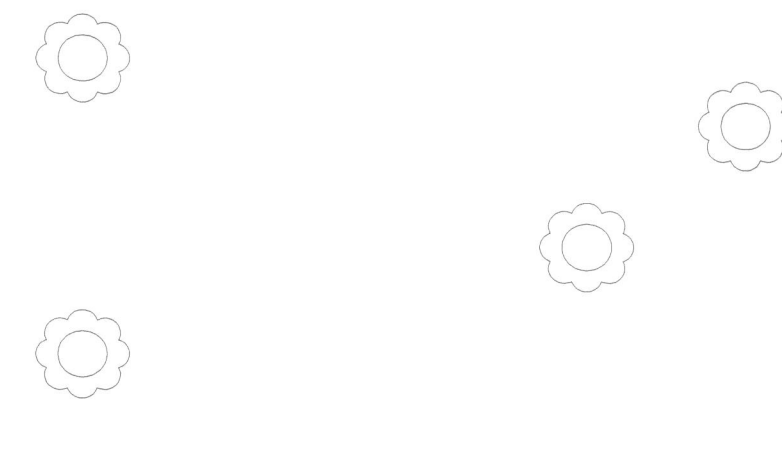

Mach etwas Schönes daraus -

Make it special

Tatze ist gerade beschäftigt und fragt sich, wem wohl diese großen Fußspuren gehören. Insgeheim meint er, es sind doch bestimmt seine. Das ist genau heute Tatzes Rat an dich: mach etwas Schönes daraus. Nimm die alltäglichen Dinge, ob es nun Hausarbeiten sind oder Dinge aus der Schule und mach etwas Schönes daraus. Stell dir vielleicht vor, du gehst auf eine geheime Reise und der Staubsauger ist dein großes, altes Piratenschiff, das dich in spannende Welten bringt.

Mache das was du tust magisch, verleihe ihm etwas Wunderbares und du wirst sehen, wie schnell dir diese Aufgabe leicht von der Hand geht. Tatze ist sich sicher, du wirst Spaß daran haben, so wie er selbst bei seiner spannenden Tatzen - Suche.

Tatze is busy at the moment. He is wondering, who made these big footprints? Secretly, he thinks they are his. And that is Tatze's message to you: turn something into a great, special thing for yourself. Take the regular things, like housework or things from school and make them great.

Imagine your vacuum cleaner is a big pirateship and you are going on great voyages around the world.

Do everything you do with magic, give everything a magical touch and you will see, everything will go easy for you. Tatze is sure you will have great fun, like he himself at his Tatze - search.

Ein Walzer gefällig - Do a waltz

Tatze übt gerade die Yogaposition der Baum. Tatze liebt diese einfache, aber schöne Übung. Aber vielleicht ist Yoga gar nicht so deins, da hat Tatze heute eine schöne Idee für dich: ein Walzer gefällig. Tatze muss lachen, denn du denkst bestimmt, du musst dies nun wörtlich nehmen. Keine Sorge. Was Tatze damit meint ist, wann hast du zum letzten Mal so richtig durch deine Wohnung getanzt? Heute sollte so ein Tag sein. Dreh dir deine Lieblingsmusik auf oder pack sie in deine Kopfhörer und hüpfe los. Tanze einfach so darauf los, am Anfang wirst du dir vielleicht etwas komisch vorkommen, aber mache es einfach.

Zuerst wippt vielleicht dein Fuß nur ein bisschen im Takt mit, dann das ganze Bein und kaum hast du dich versehen, schwebst du schon durch deine Wohnung. Tatze sagt dir, du wirst sehen, wie leicht du dich fühlst.

Tatze is practicing the yoga position "the tree". Tatze loves this easy but very nice position. But perhaps yoga isn´t your kind of fun, so Tatze has another idea for you: do a walz. Tatze is laughing, you haven´t got to take him literally. Don´t worry.

Tatze means, when was the last time you were dancing around your house? Today is such a day. Turn up your favourite music or put it on your headphones and than jump around. Dance - just as you like it, perhaps it is a little bit difficult at the beginning, but you will really enjoy it.

At first, move your feet a little bit to the music, then your legs, and then - dance around your room. Tatze says, you will feel light as a feather.

 # Zeit für ein bisschen Natur -

Time for a little bit of nature

Oh, Tatze ist heute sehr fleißig. Er hat sich einen schönen sommerlichen Tag ausgesucht und macht heute Gartenarbeit. Er hat dir eine Notiz in seinem Pilzbaumhäuschen hinterlassen. Neben „ich bin in meinem Garten", steht dort, deine Botschaft für heute, sie lautet: Zeit für ein bisschen Natur. Es ist ganz wichtig, unsere Natur zu erhalten. Und am besten fängt jeder für sich in seinem kleinen Garten dabei an. Denn hier, mag der Garten auch noch so klein sein, haben unendlich viele Lebewesen ihren Lebensraum. Baue zum Beispiel ein Käferhotel. Wichtig hierbei ist, dass dein Käferhotel ein rotes Dach bekommt, dass mögen Käfer ganz besonders. Oder du pflanzt einen Baum oder neue Pflanzen, schön ist es wenn diese Pflanzen Bienennahrung sind, wie Blaukissen. Vor allem aber denke daran, dass du keine Pflanzen wegschmeißt, sondern lege sie auf deinen Kompost, denn sie haben dir viele Tage bis Monate eine Freude bereitet und Freunde behandelt man immer ehrenwert. Tatze ist schon ganz gespannt, was heute wohl dein Gartentag bringen mag. Vielleicht sogar einen tollen Besuch im Botanischen Garten, um neue Ideen zu finden.

Oh, Tatze is very industrious today. He enjoys this sunny day with a bit of garden"work". He left you a note in his mooshroomtreehouse. "I´m in the garden and your message for today is: Time for a little bit of nature. It is very important to respect our Mother Earth. And everybody can start in his own garden. Even if your garden is small, there is so much life in this little piece of earth. For example, build a bugs' home.

Take some old branches of a bamboo or something else where your little bug friends can sneak in . Bugs love red, so paint its roof red. And it should stay dry. Or you plant a tree or a new plant, which bees like as a food.

But remember, don´t drop the plants into the rubbish, carry them to a corner of the garden and let them get back to fresh earth. Because these plants gave you happpiness, so they like to receive your friendship, too. Tatze is very curious which nature project you are going to do. Perhaps a nice visit in a park or botanical garden?

Hobbyzeit - Hobby time

Tatze ist gerade schwer beschäftigt. Er hat sich ein neues Hobby zugelegt. Häkeln. Tatze häkelt ganz viele kleine Häkeltiere und verschenkt sie an seine Freunde im Elfchensland. Hast du auch Hobbies? Tatze hat heute wieder einen schönen Rat für dich, bist du bereit, dann geht es los: heute ist es mal wieder Zeit für deine Hobbies, vielleicht sogar ein neues. Mmh, Tatze gibt dir den Einfall, überleg mal, was dir so Spaß machen könnte. Bist du eher praktisch und künstlerisch veranlagt, vielleicht eher in die Richtung des Bastelns? Oder magst du geistiges Knobeln, dann wäre doch ein neues Rätselbuch etwas Feines. Auch eine neue Sportart wie Tennis, Reiten oder sogar Tanzen bringt sehr viel Freude. Ah, Tatze hat gar einen prima Einfall, veranstalte doch an einem lauen Sommertag ein Hobbytreffen mit deinen Freunden. Und vielleicht häkelt ihr etwas gemeinsam oder meldet euch alle zu einem Tanzkurs an. Tatze ist schon sehr gespannt, was du ihm wohl berichten wirst. Vielleicht ist es ja sogar dann auch was, was Tatze Spaß machen könnte.

Tatze is busy. He is learning a new hobby. Crotching. Tatze is crotching some little animals and he is going to give them away as a gift to his friends in the elfchensland. Do you have any hobbies? Tatze´s message for you today is: get yourself a new hobby. Mmh, Tatze is giving you some advice. Do you like practical or artsy things?

Or do you like sports, like tennis, riding, surfing or dancing? Perhaps you and your friends share the same hobby, so you could sit in your garden and talk about your hobby. Or you try out a new one together, like a dancing class. Tatze loves to hear about it.

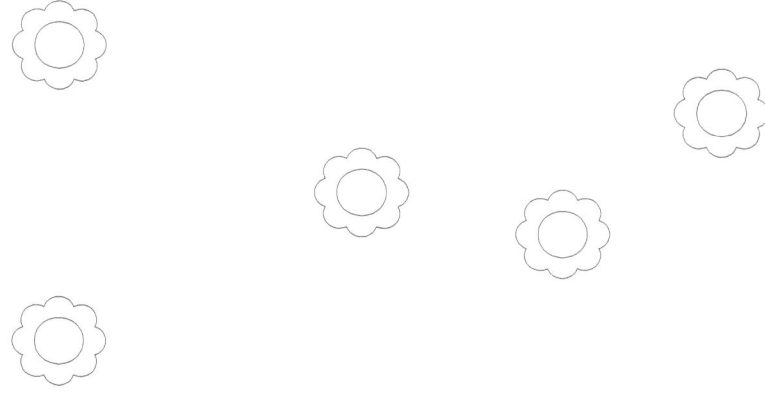

Tatze nimmt etwas unter die Lupe -
Tatze is looking closely at something

Tatze hört immer sehr viel die Leute reden, das ist so und so, oder diese Person ist gar nicht nett. Tatze hat heute einen sehr spannenden Rat an dich: nimm manches unter die Lupe. Interessiert dich etwas, zum Beispiel ein neues Buch, aber andere reden es im Vorhinein gleich schlecht. Hör nicht auf sie, sondern mach dir dein eigenes Bild davon. Nimm Dinge, die dich interessieren unter die Lupe und lass dich nicht entmutigen, wenn sie dich krumm ansehen.

Du hast wenigstens Mut und stehst zu deiner Neugier und deinem eigenen Entdeckungsdrang. Bravo, Tatze ist stolz auf dich.

Tatze sometimes hears peaple talk nonsense, like: this is such and such or this person isn´t nice. Tatze doesn't like this kind of attitude, so his message for you today is: Look at it closely by yourself. For example, is there a new book you are interested in and someone or your friends tell you, it is sooo bad. Don´t let them influence you. Take a look at it and make up your own mind. Look at it closely.

And tell the truth about what you think. This is a great character trait and Tatze is very proud of you, because you are so brave.

Lass dich treiben -

Take it easy

Puh, Tatze sagt, du hast so viel fleißig in letzter Zeit gearbeitet. Er hat heute einen ganz chilligen Ratschlag für dich: lass dich einfach mal treiben. Es wird Zeit, nun deinen Energiehaushalt wieder aufzufüllen. Du warst in letzter Zeit sehr fleißig und jetzt ist es an der Tagesordnung, sich auch einmal gebührend auszuruhen. Füße hoch, Handy aus und entspannen. Tatze hat sich schon ein Plätzchen neben dir reserviert und chillt nun mit dir ein bisschen.

Well, you worked very hard lately. His easy message for you today: take it easy. Take a big rest and get your energy reloaded. Look for a cosy place and put your feet up, switch off your mobile and do nothing. Have an easy day.

Köstliches Essen -

Yummy Food

Mmh, Tatze ist ein kleines großes Schleckermäulchen. Essen ist etwas Feines und wir sollten dankbar dafür sein, uns gut ernähren zu dürfen. Daher hat Tatze heute einen besonders schmackhaften Rat für dich: köstliches Essen für alle. Heute ist der richtige Tag, mal aufzuhören über Kalorien nachzudenken und einfach mal zu genießen. Sei dankbar für schmackhaftes Essen. Genieße es, vielleicht kochst du etwas mit deiner Familie gemeinsam und ihr deckt euch richtig schön den Tisch dazu. Du wirst sehen, wie viel Spaß es macht. Und vergiss nicht, Tatze dazu einzuladen.

Mmh, Tatze loves to eat. Eating is such a good thing and we should be thankful for the food we eat. So, Tatzes special message to you is: yummy food for all. Today is the right day to stop counting calories and just enjoy. Feel how good the food is tasting. Perhaps you cook together with your family a new vegan yummy recipe. Put some nice things on the table. You will sea how much fun it is. And don´t forget to invite Tatze.

Urlaubsentspannung in der Trubelzeit -

Lean back when it´s getting busy

Tatze macht Ferien. Ferien sind etwas Feines. Somit kannst du dir vielleicht schon denken, was wohl Tatzes Rat an dich sein wird? Richtig, Tatze meint heute: Urlaubszeit. Du kennst ja Tatze mittlerweile nun ganz gut, daher weißt du bestimmt, dass deine Urlaubsreise nicht unbedingt in Wirklichkeit stattfinden muss. Denke zum Beispiel an dein liebstes Urlaubsziel, wenn es furchtbar stressig um dich herum wird. Menschen neigen oft zur Hektik und vergessen, dass sich auch alles in Ruhe regeln lässt. Wird es dir zu bunt, ziehe die gedankliche Urlaubsbremse. Lass die anderen rennen, du behältst dafür einen kühlen Kopf und weißt, worauf es im Leben wirklich ankommt.

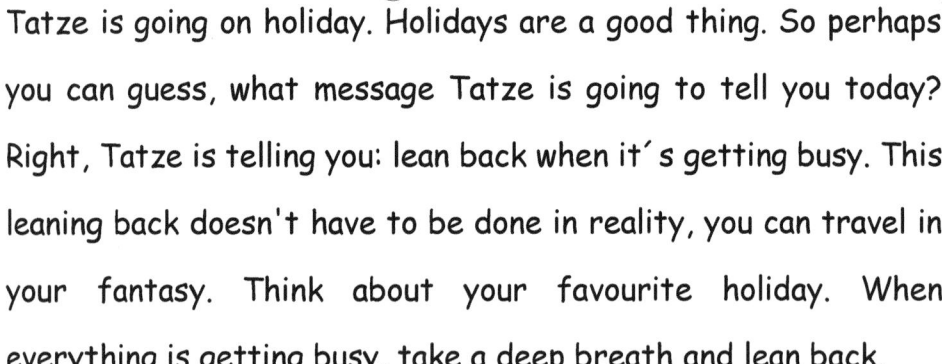

Tatze is going on holiday. Holidays are a good thing. So perhaps you can guess, what message Tatze is going to tell you today? Right, Tatze is telling you: lean back when it´s getting busy. This leaning back doesn't have to be done in reality, you can travel in your fantasy. Think about your favourite holiday. When everything is getting busy, take a deep breath and lean back.

You really know what is good for you, so don´t let others make you nervous. Be yourself and take it easy while all the others are running.

Hab Spaß - Have fun

Tatze muss heute viel Kichern. Er hat sich nämlich ein neues Skatboard gekauft und fährt im ganzen Elfchensland herum. Er hat auch heute wieder für dich eine ganz besondere persönliche Botschaft: Hab Spaß. Wir lachen leider viel zu wenig und beschränken uns leider viel zu sehr auf unser Alter, findet Tatze. Er findet dies sehr doof. Das wirkliche Lebensalter ist, wie wir uns geben und uns fühlen. Humor ist eines von Tatzes Lieblingsmitteln gegen grummige Menschen. Er rauscht mit seinem Skateboard an ihnen vorbei und konzentriert sich nur auf sich. Tatze freut sich daran, Spaß zu haben. Er sammelt dich heute auf sein Skateboard mit auf und nimmt dich mit, sollte dich heute jemand ärgern. Nimm es mit Humor. Hab keine Scheu daran, Spaß zu haben oder „kindisch" zu sein. In Tatzes Empfinden, ein komisches Wort. Tatze freut sich heute schon sehr, mit dir herum zu blödeln.

Tatze is laughing a lot. He has a new skcteboard and drives through the elfchensland. So his message to you today is: HAVE FUN!!

Sadly, most of our time we are not laughing enough and we are too serious as soon as we grow up.

Tatze says, this is stupid. Our real age is, how we live and how we feel, not a number. Tatzes humour is a big asset against grumpy people. Then he runs wild with his skateboard and doesn´t notice them. Tatze loves to have fun.

Let´s drive together on his new board and don´t let you get grumpy. Take it easy. Don´t be afraid to be free without any pressure. It´s time to have fun and be childish from the heart.

Zeit für Neues, aber mit Humor -

Time for new things with humor

Tatze hat heute seinen Schönheitsschrank ins Visier genommen und so einiges darin entdeckt. Bist du auch schon gespannt? Tatze muss grinsen und schon überreicht er dir deine heutige Botschaft: Zeit für Neues. Es muss nicht gleich eine komplette 360 ° Wandlung sein. Nein, nein, Tatze wagt heute zum Beispiel mal eine neue Frisur. Vielleicht hast du auch schon länger eine Frisur im Kopf, die du in einer Zeitschrift gesehen hast und die dir super gut gefällt. Heute ist ganz sicher ein guter Tag dafür. Egal, was dir heute an Neuem einfällt, probiere es, ob es zu dir passen könnte. Und sollte es daneben gehen, dann sieh es mit Humor. Denn du kannst ja nicht wissen, ob etwas klappt, wenn du es gar nicht erst ausprobierst. Viel Spaß heute und viel Lachen.

Tatze is looking for something new. Are you as excited as him? Tatze is smiling and has a message for you: It hasn´t to be always a 360 degree turn. Tatze says, try something new, perhaps a new hair cut. This could be the perfect day for this. Perhaps you have seen a nice one in a magazine. Just try it and if it isn´t work out, take it with humour. You can´t know what works, if you don´t try it. Have fund and a big laugh.

Zeit für dich - Time for you

Endlich, nun kann Tatze sich weiter auf sein Bild malen konzentrieren. Keine Sorge, er hat dich nicht vergessen und dir noch eine feine Botschaft parat: heute ist Zeit für dich. Zeit für sich zu haben, ist ganz wichtig. Es erdet einen wieder und man erkennt so einiges und es wird einem so manches bewusst. Zeit für sich hat nichts mit Egoismus zu tun, sondern es zeigt nur, dass du dich und deinen Körper achtest. Und dich wertschätzt.

Mach zum Beispiel einen schönen erholsamen Spaziergang, vielleicht sogar mit deinem Hundi. Atme tief und nutze die ruhige, schöne Atmosphäre. Merke wie die Natur mit dir im Einklang lebt, das gibt dir Kraft und du kannst dann wieder richtig zupacken. Aber zuerst meint Tatze, ist jetzt Zeit für dich angesagt.

Finally Tatze has time to draw a nice picture. Don´t worry, he didn't forget you, his message for you today is: today is time for yourself. Taking time for oneself is very important. It is grounding and you have time to breathe.

It hasn't anything to do with ego. It is only taking care of you, your thoughts and your body. For example, you could take a nice walk with your dog. Take deep breath and relax. Are you noticing, how good nature is for you?

You can get much energy from nature and come back with lots of power. But before you go to any new projects, take time for yourself.

Freunde sind eine feine Sache -

Friends are a good thing

Achtung, aus der Bahn. Tatze besucht heute seine gute Freundin Coco und sie testen die neuen Lianen. Coco ist ein besonderes Elfchens, sie ist ein Äffchenelfchens. Die Äffchenelfchens sind im Elfchensland für den Spaß zuständig. Sie toben und kennen viele gute Witze. Tatze hat heute einen schönen Rat für dich: Freunde sind eine feine Sache. Tatze möchte dir aber auch unbedingt sagen, dass du dir auch ein guter Freund sein solltest. Auch Tiere und Pflanzen können gute Freunde sein. Schätze Freundschaft und vielleicht wirst du heute von jemandem überrascht, der sich als neuer Freund in deinem Leben entpuppen könnte.

Watch out, here come some new friends for you. Tatze has his good friend Coco with him. And they are going to try the lianas. Coco is a special elfchens, she is a monkey elfchens. The monkey elfchens' job in the elfchensland is to make fun. They are always running around and know many jokes. Tatze´s message for you today is: Friends are a good thng. He also wants to tell you, that you have to be your own best friend.

Animals and plants can be very good friends, too. Be thankful for a good deep friendship. Perhaps a new friend for you is coming into your life.

Lächle ;D

Smile ;D

Tatze Megastark
21 happy mind messages

Tatze Megastark brings you a special gift into your
life.

Do you want to know which one?

Pleasure and laughter.

The sweet fairyslion brings you a lovely smile in your

face and will be a special

and good friend to you.

Then everything is fine and you can go with the flow.